일기예보

김장식 시집

일기예보

창조문예사

프롤로그

　내가 태어난 곳은 태백산맥이 한반도 동남단 바닷가에 이르러 솟은 금정산(801m) 중턱, 하늘 아래 첫 동네 '동래산성마을'이다. 봄이면 진달래가 지천으로 피고 산꼭대기에서 바라보면 남南으로는 부산 앞바다가, 서西로는 낙동강이 보이는 곳이다.

　어린 시절, 학교에서 돌아오면 어른들은 다 논밭에 일하러 가고, 나는 친구들과 어울려 산으로 가서 철 따라 열리는 열매로 배를 채우곤 했다. 생각해 보면 지금 누리고 있는 몸과 마음의 건강은 그 시절 나를 키워 준 자연의 덕이 아닌가 싶다.

　등단 후 한때 마음의 갈등을 겪었는데 그 이유는, 좋은 시가 잘 써지지도 않을뿐더러 '내가 쓴 시가 과연 독자들에게 감동과 위로를 줄 수 있을까?' 하는 의문이 들었기 때문이다. 그러나 한 편의 시를 완성하고 나면 내가 먼저 위로를 받고, 여러 매체를 통해 내 시가 독자들의 사랑을 받는 것을 알게 되면서 다시 힘을 얻었다.

오늘 아침은 유난히 까치 소리가 크게 들린다. 새들은 둥지를 지을 때 해충의 침입을 막거나 새끼들의 면역력을 높이기 위해 소나무, 은행나무, 자작나무 등 항균성 강한 나뭇가지와 약초를 물어 와 둥지를 짓는다고 한다.

나도 한 편의 시를 쓰기 위해 향기 있는 시어를 선택하고, 또 시의 집을 짓기 위해 고심했지만 완성하고 보니 여전히 아쉬운 마음이 든다. 그러나 얼기설기 엮은 것 같으나 비바람을 능히 견뎌 내는 새 둥지처럼, 작지만 정성스레 만든 시의 집을 하나 지어 보았다. 사랑하는 가족과 친구, 시를 사랑하는 분들께 이 시집을 바친다.

차례

프롤로그 / 4

1부_ 하늘에 기댄 나무

사랑 11 • 섬진강의 봄 12 • 일기예보 14 • 신석기인 15 • 숨비소리에 꽃잎 지고 16 • 잠자리 17 • 멸치 18 • 바람의 섬 19 • 외포리 20 • 사과 21 • 하늘에 기댄 나무 22 • 귀향 23 • 찍개 24 • 촛불맨드라미 25 • 소금꽃 26 • 솜사탕 27 • 위층 아기 28 • 잡초 29 • 부끄러움 30 • 두 개의 심방을 가진 나무 32

2부_ 이름값

생명의 숲 35 • 강화 바다 36 • 열정 38 • 까치 베개 40 • 나무의 잠 42 • 서울의 바다 44 • 굴비屈非 45 • 노다지老多地 46 • 배추 48 • 천국 열쇠 49 • 시래기 50 • 애기똥풀 51 • 위로慰勞 52 • 달걀 53 • 풀등 54 • 쉼 55 • 친구 56 • 감식초 향기 57 • 이름값 58 • 까치 59

3부_ 해녀의 꿈

멀지도 가깝지도 않게 63 • 천 원의 행복 64 • 석정문학관에서 65 • 아파트 66 • 봄, 공개 수배 67 • 해녀의 꿈 68 • 진품 명품 69 • 나무, 강물이 되다 70 • 석송령石松靈 71 • 재인폭포 72 • 백송 73 • 석란연石卵硯 74 • 고불古佛 생각 75 • 망종芒種 76 • 맹아 77 • 말[言] 78 • 새 79 • 빨래집게 80 • 오월이 오면 81 • 얼음새꽃 82

4부_ 키 작은 꽃

간벌間伐 85 • 느림과 비움 86 • 보리굴비 87 • 고수古樹 88 • 언총言塚 89 • 이정표 90 • 차경借景 91 • 단풍 92 • 내가 좋아하는 반찬 93 • 미교다물요 94 • 가시나무 95 • 우산꽃 96 • 할아버지 97 • 산딸기 98 • 키 작은 꽃 99 • 산수유 시목 100 • 여왕과 설렁탕 101 • 그림자 102 • 난파선 103 • 산초 향기 104

에필로그 / 105

1부
하늘에 기댄 나무

사랑 • 섬진강의 봄 • 일기예보 • 신석기인 • 숨비소리에 꽃잎 지고
잠자리 • 멸치 • 바람의 섬 • 외포리 • 사과 • 하늘에 기댄 나무
귀향 • 찍개 • 촛불맨드라미 • 소금꽃 • 솜사탕 • 위층 아기
잡초 • 부끄러움 • 두 개의 심방을 가진 나무

사랑

나무의 가슴속에
새가 살고 있었네
깊은 상처 안에
어린 생명이 자라고 있었네
숲속에 울려 퍼지던
아름다운 노랫소리는
나무의 눈물이었네
어둠이 내리면
더욱 포근한 둥지 속
사랑은 가슴 한편을 내주는 것이었네

섬진강의 봄

강물은 휘돌며
남南으로 흐르고
꽃불은 총총 북北으로 번진다

햇살이 달군 가지마다
터져 나오는 매화 송이
황금빛 왕관을 쓴 산수유나무

환한 물길 따라
은어 떼는 강 거슬러 오는데
기다리는 사람은 영 아니 오고…

아스라한 기억 저편
청대 밭 그늘에서 들리는
귀에 선한 목소리

꽃잎은 하르르
서럽게 여울에 지고

강물은 매화 고목에 흐르는데

해거름
은모래톱 서성이는 나는
한 마리 눈먼 동박새

일기예보

비 오는 날보다
맑은 날이 많고
풍랑 이는 날보다
잔잔한 날이 더 많다
때로 폭우가 쏟아져도
먹구름 속에는
늘 태양이 빛나고 있지
매서운 꽃샘추위도
피어나는 꽃은 막을 수 없어
내일의 일기예보는
한때 흐린 후 곧 다시 맑음

신석기인

우리 동네 뒷산 기슭에
먼 옛날 신석기인이 살고 있었네
빗살무늬토기에 저장한 도토리
갈판에 갈아 저녁상을 차리고
모닥불에 구운 사슴고기 고기 한 점에
환하게 웃는 움막 속 식구들

나는 배달 앱으로 주문한 치킨을 먹으며
그들과 나의 행복 지수를 비교해 보네
아침에 눈을 떠 스마트폰으로
세계의 뉴스를 검색하고
인공지능과 함께 살아가는 하루

나는 꿈속에서 신석기인을 만나러 가네
보이지 않는 국경을 넘나들며
먹잇감을 쫓느라 피 묻은 내 발을
그가 어루만지며 빙긋 웃어 주네
굳은살 박인 자기 발도 만져보라 하네

숨비소리에 꽃잎 지고

망사리* 가득
멍게 소라 전복
바다 향기 그윽하다

너울 속으로 사라진 유년의 꿈
떠나지 못한 바다
뿌리치지 못한 세월

호오이- 호오이 숨비소리
해당화 꽃잎처럼 지고
석양이 자맥질하는 바다
섬이 된 낡은 태왁** 하나

  * 해녀가 채취한 수산물을 담는 그물주머니.
 ** 해녀들이 물질할 때 수면에서 몸을 의지하는 부유浮游 도구.

잠자리

무덤가 억새 위에
살포시 날아와 앉는 잠자리
잠시 휘청거리다
다시 평온해지는 세상
한 몸 쉬어 가는데
풀 한 포기면 넉넉한 삶
사람들은 알고 있을까
세상은 하나의 점이라는 걸
소슬바람 불자
하늘로 날아오르는 잠자리
멀고도 가까운 하늘과 땅 사이

멸치

달빛! 이 외침은
바다가 잔잔해서 기쁘다는
선장 남편을 기다리는 아낙의 암호
밤바다를 쉼 없이 달려온 배가
슬며시 방파제에 기대오자
아낙은 바구니 가득
생멸을 삶아 해풍에 말린다
생의 마지막을 뜨겁게 갈무리한
저 작고 겸손한 몸짓은
뭍으로 유학 간 자식들의 밥이고
바다를 지킨 노부부의 하늘이다
평생 일만 하느라 등이 굽은 아낙과
주인을 닮아가는 멸치들이
별빛 쏟아지는 방파제에 나란히 누웠다
자장가인 듯 들려오는 남해의 파도 소리
꿈결인 듯 몸이 점점 가벼워진다

바람의 섬

청산도 동남쪽 여서도*에는
날마다 물구나무서는
팔순의 해녀가 살고 있다
푸른 물결 속 자맥질로
아름 가득 돌미역을 따는 그녀
땅에서는 아픈 곳 많아도
바다의 품에서는 마냥 자유롭다
저승에서 벌어 이승에서 쓴다고
숨비소리로 토해내는 독백
깊은 밤, 덕장에 걸린 미역귀에
해녀의 고단한 숨소리가 들려오자
해무 걷힌 하늘에 꾸덕꾸덕 뭇별이 돋는다

* 전남 완도군 청산면에 속해 있는 섬.

외포리

오랜 항해에서 돌아온 선원들이
빙 둘러앉은 항구 식당
냄비 가득 대구탕이 끓고 있다

북태평양 먼 길을 지나
거제 앞바다에 돌아온 대구의 몸에는
해저 산맥과 구릉
심해 평원과 몇 개의 태풍까지
지난 항해의 기록들이 선명하다

한 잔 두 잔 자꾸 비워내도
쉬 떨치지 못한 외로움
붉게 물든 어부의 눈동자는
다시 어둑어둑 먼바다를 향하고

아스라이 펼쳐진 수평선 위로
포근히 번져가는 등대 불빛
외포리 하늘에 첫눈이 내린다

사과

꼭지 달린 사과
반으로 자르자
사뿐히 날아오르는 나비 한 쌍
봄날의 기억 되살아나는 듯
거실 한 바퀴 돌더니
살포시 쟁반 위에 내려앉는다
여기는 어디일까
창밖은 낯선 풍경
호기심 가득한 까만 눈동자
빨간 날개에 연노랑 속살
날갯짓마다 향기 가득하다

하늘에 기댄 나무

마음이 울적할 때는
비탈에 선 늙은 굴참나무
투박한 등에 기대본다

평생 한자리 지켜온 고집
태풍과 사태 속에서도
끝내 포기하지 않은 목숨

바위틈 낙엽의 잎맥은
옛 기억처럼 희미한데
우듬지마다 새잎 틔우는 간절한 염원

길의 끝 어딘지 알 수 없지만
나무는 오늘도 하늘에 기대어 산다

어깨를 짓누르던 근심 벗어놓자
푸른 그늘에서 비상하는 멧새 한 마리
해가 아직 한참이나 남았다

귀향

두엄 냄새 싫어
서울로 떠났던 황 영감네 아들
못자리 물 잡는 날
곱슬머리 여자와 쌍둥이 아들 데리고 돌아왔다

"농사가 그리 만만한 줄 아나"
"도회지에 눌러있지 머하러 내려왔노"
저녁상 물린 후 툇마루에 걸터앉은 황 영감
자드락밭 허수아비 물끄러미 바라본다

감자꽃 장다리꽃 환하게 피는 할아버지의 땅
새벽같이 마실 다녀온 황 영감
건넌방에 대고 크게 소리 지른다

"퍼뜩 일어나거라 해가 중천이다"
"분교 선생님 뵙고 왔으니 얼라들 학교 보내거라"
조용하던 마을이 놀란 개구리 소리로 왁자하다

찍개

선사박물관 다녀오는 길
햄버거 가게 앞에서 원시인을 만났다
그는 색안경을 쓴 내 모습에 놀랐는지
한 손에 찍개를 들고 나를 노려보았다
자세히 보니 무릎이 찢어지고
고기를 베어 문 입술에는
붉은 피가 묻어 있었다
나는 전투태세를 취하려다
싱긋 웃음을 지어 보이고는
찍개 그림이 붙어있는 문을 열고
한 무리의 옆에 앉았다
그들은 허기를 채우려 찍개를 들었을 뿐
상대를 공격할 의도는 없어 보였다
잠시 후 내 손에도 찍개 하나가 들려지고
입가에 피를 묻힌 채로
나도 사냥에서 돌아온 행복한 원시인이 되었다

촛불맨드라미

한여름 뙤약볕에
소리 없이 타오르는
백제금동대향로
망국의 큰 울음이 향연으로 오른다

흔적만 남아있는 폐가의 장독대
가족의 평안 빌던
어머니의 기도 소리
가만히 귀 기울이면 가까운 듯 멀다

소금꽃

평화시장에서
등짐 지는 박 씨의 조끼에는
사철 하얀 꽃이 핀다

형광등 불빛 아래
겹겹이 피었다 지는
보석 같은 꽃잎들

사람들 하나둘
모두 떠나간 새벽
벽에 기댄 낡은 지게 하나

밤새 꽃 피우느라
뜨거워진 어깨 위로
졸음처럼 어른거리는 아지랑이

어떤 비바람에도
지지 않을 저 꽃송이
아버지의 등에서는 늘 향기가 난다

솜사탕

온수초등학교 앞에는
구름을 만드는 아저씨가 있다
하굣길 아이들이 교문을 나서면
먼 산만 쳐다보던 그는
설탕 한 스푼 넣은 둥근 통을 빙빙 돌린다
통 안에 실구름이 날아다니자
막대기로 둘둘 말아
순식간에 만들어 낸 뭉게구름 한 송이
노랑 분홍 파랑
만화 같은 세상
우-우 바람이라도 불면
금방이라도 날아갈 듯
입가에 구름을 묻힌 아이들이
팔 풍차를 돌리며 오월 속으로 달려간다

위층 아기

오래전에 이사 온
위층 신혼부부
열어놓은 창문으로
아기 울음소리 들린다
얼마 만에 듣는 노랫소리인가
슬며시 미소가 지어지네
엄마 아빠 사랑 속에
무럭무럭 자라거라
그날이 언제일까
아기 천사 날갯짓하며
콩콩 뛰어다니는 날
우리 집 천장은 꽃밭 되겠지

잡초

심지도 가꾸지도 않았는데
텃밭에 쑥쑥 자라고 있는
바랭이 달개비 쇠비름
자세히 보니 앙증맞은 꽃이 피었다
언제 뽑힐지도 모르는데
어찌 저리 생기 가득할까
숨 막히게 더운 날씨
그래 나도 너처럼 이 땅에서
잠깐 살다 갈 목숨인 것을
오늘부터 우리 친구로 지내자
달개비 쇠비름 바랭이
이름을 불러보니 잡초도 사랑스럽다

부끄러움

솔바람 산길을 오른다
저만치 앞서가는 다람쥐
신을 신은 내 발걸음 느리다

두 팔 벌려 맞아주는
밤나무 사시나무 도토리나무

도토리나무는 숲의 군대
작달막한 키에 베레모를 쓰고
어디든지 한걸음에 달려가는 병졸들

두 번째 만나는 오리나무
십 리쯤 걸어왔나 보다
나무껍질에 새겨져 있는 문자 몇 개

한참을 살펴보는데
찌르레기 한 마리 날아와
톡-토독 금세 읽고 날아가 버린다

수십 년 공부하고도
바람과 햇볕이 새겨놓은
문자 하나 읽지 못하는 부끄러움

혹시 누가 볼까
샛길로 몰래 하산 중이다

두 개의 심방을 가진 나무

기러기 떼 날아가는 서편
예리하게 찢어지는 하늘 한 귀퉁이
파르르 떨리는 나뭇가지들
나뭇가지는 허공의 실핏줄이다
바짝 마른 채 길 위에 뒹구는
흐릿한 나목裸木의 지문들
나무는 두 개의 심방을 가졌다
유채색과 무채색의 심방
겨울나무의 낯빛은 무채색이다
그러나 맥박은 불면의 밤처럼 또렷하다
삶에는 고통이 축복처럼 찾아올 때도 있다
나무는 시련을 견디며
몸 안에 작은 방 하나 만들었다
새들과 바람이 쉬어갈 수 있는 곳
나무는 살아있음에 감사하며
자신의 팔로 허공을 따뜻이 감싸안기로 했다
찢어졌던 서쪽 하늘이 서서히 아물자
허공 가득 무채색 꽃이 핀다 첫눈이다

2부
이름값

생명의 숲 • 강화 바다 • 열정 • 까치 베개 • 나무의 잠
서울의 바다 • 굴비屈非 • 노다지老多地 • 배추 • 천국 열쇠
시래기 • 애기똥풀 • 위로慰勞 • 달걀 • 풀등 • 쉼
친구 • 감식초 향기 • 이름값 • 까치

생명의 숲

장맛비 내리는 숲
새벽처럼 어둡다
칡넝쿨에 쓰러진 오리나무 한 그루

개미와 나비번데기에게 내준 살과 뼈
숲에서 죽음이란
한 줄기 바람, 한 조각 구름

숲은 모든 죽어가는 것들에게
나비의 춤과
새의 노래를 선물한다

숲은 스스로 위로하고
죽음을 슬퍼하지 않는다
장맛비 그친 숲 새벽처럼 밝다

강화 바다

강화도 갯벌은
그녀의 속살이다
썰물에 드러난 탐스러운 잿빛 살결

풀어헤친 가슴에
조무락조개 칠게 갯고동이
꿈꾸듯 젖을 빨고

먼바다의 물길
흘러드는 갯골에는
바다의 힘찬 심장 소리

저만치 수평선에
노을 한 자락이 선을 긋자
부지런히 어스름 몰고 오는 밀물

그녀는 황급히
풀어헤쳤던 가슴 여미고

어린 것들 잠재운다

밤새 뒤척이는 그녀
수면 위로
등대 불빛이 조용히 길을 내고 있다

열정

한파주의보 내린 춘당지*
어린 햇살 노닐고 있는
채 얼지 않은 연못 한쪽

물에 흠뻑 젖은 채
부지런히 헤엄치고 있는
원앙 한 쌍

사는 것은 날마다
살얼음 위 헤쳐 나가는 것
시린 세상 온몸으로 녹이는 일

포기할 수 없는 열정이
비수처럼 내리꽂히는 순간
지느러미 하나 허공에 번뜩인다

쩌-엉
얼음장 깨지는 소리

가슴 속 근심 하나 빠져나간다

* 창경궁 후원에 있는 연못.

까치 베개[*]

입춘에 짝짓기한
까치 한 쌍
새집 짓느라 분주하다

올여름 큰 바람 없다고
수까치는 느티나무 높이
삭정이 물어 나르고

구경하던 암까치
물가에 날아가
예쁜 돌멩이 하나 물어왔다

어젯밤 달빛 아래
도란거리더니
해가 중천인데도 잠잠한 까치 둥지

전입 조사 나온
딱따구리 촌장

하릴없이 아까시나무만 쪼고 있다

* 까치가 집을 지은 다음, 냇가에서 돌멩이 하나를 물어 와 그 위에 부리를 얹고 잠을 잔다고 하며 그 돌을 몸에 지니면 사랑이 이루어진다는 전설이 있다.

나무의 잠

무릉도원수목원* 한쪽
길게 누워 있는
규화목硅化木**을 본다

초원의 망루로
강과 숲을 굽어보던
곧고 빛나던 모습

바람 불 때마다
호수에 일렁이던 그림자
흔들리지 말자 다짐했던 지난날

이제는
폭풍우 속에서도 꿈쩍 않는다
속울음 그치고 근심도 사라진 것일까

수관이 없어도
촉촉이 젖어오는 가슴

귀 막아도 들리는 천둥소리

가는 계절 아쉬워
매미는 목 놓아 우는데
돌이 된 나무는 자꾸 잠에서 깬다

* 부천시 원미구 자연생태공원 안에 있는 수목원.
** 호수 아래 오래 묻혀 있어 물에 녹은 이산화규소가 스며들어 화석처럼
   변한 나무.

서울의 바다

도시의 새벽은 밀물의 시간
눅눅한 어둠 몰아내고
땅속까지 환하게 열리는 물길

지난밤
비틀거리던 모습 사라지고
생기 가득한 세상

집게처럼 등짐 지고
종종걸음 하는 사람들
연신 누군가와 메시지 주고받는다

개펄 속 낙지처럼
앞이 보이지 않아도
온 힘 다해 사는 목숨들

고래 새우 꼴뚜기
함께 사는 서울의 바다
바람 불어도 수평선은 늘 푸르다

굴비屈非

죽는 한이 있어도
줄줄이 엮일지라도
비굴하지 말고 눈 부릅뜨라

삶보다
귀한 죽음 있음을
사람들이 알게 하고

입맛 떨어진 세상
너로 인해
살맛 나게 하라

밥도둑 누명 쓰고도
제 살점 다 발라주고 가는
고귀한 이름

노다지 老多地

서울 한복판
종묘 주변은 노천 광산이다

담장 안은 죽은 왕들의 땅
화려한 모란은 지고
지금은 민들레 개망초 애기똥풀

담장 밖 그늘에서는
장기판 위의 치열한 전투
이긴 자의 점심은 삼천 원짜리 해장국

장기판 졸처럼 살아온 세월
자식들 입에 금수저 못 물렸어도
부끄럽지 않게 살아온 인생

열사의 땅과
죽음의 밀림에서도 지켜온
질경이 같은 목숨

"산 사람이 죽은 왕보다 낫지"
자판기 커피로 건배하는 저 형형한 눈빛들

햇살 고운 날
종로 보석 거리는
은광석 노다지로 열린다

배추

뿌리가 잘려
허공에 던져져도 좋다

숨 막히게 짓눌려
하늘이 안 보여도 좋다

푸른 지폐 몇 장은
가난한 농부에게 보내는
이생의 마지막 선물

마침내
몸뚱이 조각나
어둡고 찬 곳에 묻힐지라도

허기진 사람들 양식 되려
묵묵히 길 떠나는
속이 꽉 찬 너를 생각한다

천국 열쇠

지금까지 살아오면서
지나왔던 수많은 문들

쉽게 열린 것도 있었지만
힘들게 열린 것도 있었지

때로 닫힌 문 앞에서
애원했지만
열리지 않은 문도 있었어

그래도 나에게는
마스터키를 가지고 계신 분이 계셔
열쇠수리공은 아니야

나를 세상에 보내시고
또 마지막 문 앞에서
나를 기다리고 계실 그분

시래기

볼품없이 말라버린 똬리 한 덩이
아지랑이 피는 무밭에서
나비들과 노닐던 꿈같은 날 있었던가

버석거리는 몸
뜨거운 물에 담그면
다시 부드러워지는 관절

묵은 된장 버무려
뚝배기에 끓여내면
수라상 부럽지 않은 최고의 별미

푸성귀들은
꿈도 꾸지 못할
햇살과 바람의 성찬

애기똥풀

길가에 핀
샛노란 꽃을 볼 때마다
생각나는 사람

"애야, 그것처럼 촌수를 따지는 것은 없단다"

내 자식과 조카는
냄새부터 다르다는
참 기막힌 말씀

자식들은 알 수 없는 부모의 사랑
앙증맞은 꽃잎 뒤로
웃고 있는 어머니가 보인다

위로慰勞

마음에
먹구름 가득한 날에는
만사 제쳐두고 산에 오른다

언제 찾아가도
반갑게 맞아주는
품이 넓은 친구

굽은 소나무에 기대
먼 데 산을 쳐다본다

"괜찮아?" 그가 물어온다
"응 괜찮아!"

포근히 어깨를 감싸는 손
먹구름 걷히고 산들바람 분다

달걀

온기 아직 남아있는
타원형의 행성
원시의 영토 안에
보름달 뜬 연못 하나
숨쉬기조차 힘들고
혼자서는 설 수도 없는 세상
뜨거운 고난 겪을수록
더욱 단단해지는 꿈
화난다고 함부로 던지지 마라
질퍽한 어둠 밀어내는
기운찬 소리 그 속에 있으니…

풀등*

눈을 감아야
보이는 것이 있다
보이지 않는다고
사라진 것은 아니다

보이지 않지만 분명히 있는
너는 먼 그리움의 영토

나는 너를 잊을 수 없어
이 섬을 떠나지 못한다
눈 감아야 보이는 사랑이 저만치 있다

* 바다에 모래가 쌓여 생긴 것으로, 밀물 때에는 잠겼다가 썰물 때에만 드러나는 모래섬. 대표적으로 대이작도 풀등이 있다.

쉼

새들은 종일 날아다녀도
하늘에는 쉴 곳 없다
어느 나무 위나 바위틈
땅에 내려와야 휴식을 얻는다

사람들은 온 세상을 다녀도
땅에는 쉴 곳 없다
새들이 나는 하늘보다
더 높은 곳에 영원한 안식처가 있다

친구

햇빛 고운 날에는
챙모자 눌러쓰고 뒷동산에 오른다
언덕배기 넘어가면
반갑게 맞아주는 친구들

손이 고와 보이지만
잡아보면 차가운 단풍나무
거칠어 보여도 푸근한 떡갈나무
추위와 더위 묵묵히 참아내며
한자리 지켜온 듬직한 친구들

시원한 그늘에 앉아
그들 이야기에 귀 기울이면
내 몸 가득 푸른 잎 돋는다

감식초 향기

시골집 감나무가
택배로 우리 집에 왔다
허물어져 가는 토담에 기대어
날마다 동구 밖 내다보던 감나무
곰삭은 세월
목이 긴 병에 담긴
노을빛 내리사랑이 곱다
소금물 항아리에 담긴
풋감 하나 꺼내먹고
멍석에 누워 듣던 형제바위 전설
달짝지근한 향기 따라
그리운 얼굴 만나러 가는 밤
꿈길 가득 감꽃이 핀다

이름값

숲속에 가면
남의 눈치 보지 않고
당당하게 사는 친구들 있다

물 푸르게 하는 물푸레나무
물고기 잡는 작살나무
쫄깃쫄깃 국수나무
떡 시루에 떡갈나무
모두 이름값 하며 사는 나무들

소나기 그친 숲
작은 웅덩이 속 사내 하나
가만히 나를 올려다본다

까치

공원 앞 미루나무에
이층집 지은 까치 한 쌍

부모를 모시고 사나
분가시킬 자식이 있나

지천에 널린 삭정이로
며칠 만에 뚝딱 지은
멋진 친환경 주택

부러운 내 마음 알았는지
둥지에 앉아
자랑스레 나를 내려다본다

3부
해녀의 꿈

멀지도 가깝지도 않게 • 천 원의 행복 • 석정문학관에서
아파트 • 봄, 공개 수배 • 해녀의 꿈 • 진품 명품
나무, 강물이 되다 • 석송령石松靈 • 재인폭포 • 백송
석란연石卵硯 • 고불古佛 생각 • 망종芒種 • 맹아 • 말[言] • 새
빨래집게 • 오월이 오면 • 얼음새꽃

멀지도 가깝지도 않게

뭉치면 살고
흩어지면 죽는다 했는데
요새는 살기 위해 흩어지라 한다
어찌 이런 날이 우리에게 닥쳤는지
답답한 마음 달래려
오래된 철길을 걸어본다
침목으로 거리를 벌린 두 개의 레일
떨어져 있어도 바라볼 수 있고
작은 떨림도 오롯이 느낄 수 있는 거리
멀지도 가깝지도 않게
서로 지켜주며 함께 살아가는 지혜
저 멀리 두 개의 레일이 다시 만나고 있다

- 2019년, 인류에게 고통을 준 '코로나 펜데믹'을 기억하며 쓴 시.

천 원의 행복

점심에 아내가 국수를 삶는다
금방 뼛속까지 투명해진 면발
차가운 물에 씻어
상추는 손으로 뚝뚝 자르고
고추장 한 숟갈에 참기름 한 방울
사랑 한 줌 넣어 양푼에 비빈다
집 안 가득 번지는 고소한 향기
"그래 이 맛이야"
붉어진 입술 쳐다보며 환하게 웃는다

석정문학관*에서

날물에 바지락 캐고
들물에 콩 타작하다가
부리나케 달려온 아낙들이
문학관에서 시 낭송을 한다
질끈 묶은 머리에 붙어온 검불
발밑에서는 콩이 펄쩍 튄다
옷자락에 배어 있는
갯벌과 들판의 향기
가만가만 시어 속으로 스며들고
수줍은 듯 삶을 노래하는 얼굴에
해당화 한 송이 곱게 피어난다

* 전북 부안에 있는 신석정 기념 문학관.

아파트

도시의 하늘을 막고 선 지구라트[*]
사람 위에 사람 있고
사람 아래 사람 있는 집
내 집 천장은 윗집 방바닥
내 집 벽은 이웃집의 벽
평생 모은 재산
이웃과 나누어 쓰는 사람들
위층 아이들 뛰노는 소리
옆집 강아지 짖는 소리
이웃 사정 눈 감고도 알 수 있고
오래 사용했는데도
값이 오르는 마법의 성

[*] 피라미드 형태의 계단식 신전 탑.

봄, 공개 수배

목격자를 찾습니다
사월 십 일 새벽
달빛마을 삼거리를 지나서
길 건너 진달래동산에 불을 지른 후
공원 벚꽃길에 숨은 범인을 찾습니다
변장술에 매우 뛰어나며 특히
젊은 여성들을 잘 유혹한다고 합니다
소재를 알거나 목격하신 분은
달빛마을 파출소나 시인의 집으로
연락해 주시면 후사하겠습니다

해녀의 꿈

제주 모슬포에는
하늘과 바다, 오름이 한눈에 보이는
스무 살 해녀의 화실이 있다
상군해녀들이 둘러앉은 불턱[*] 한쪽이
언제나 그녀의 자리다
화가의 꿈을 품은 그녀는
파도가 잔잔해져
해초가 몸을 일으켜 세우면
넓은 바다를 화폭 삼아
태왁과 망사리를 챙겨 자맥질을 한다
바위틈에 숨어 있는 소라 성게 문어
그녀는 온 힘을 다해
스무 살의 자화상을 그린다
잠시 물 밖에 나와
태왁을 끌어안고 숨 고르는 시간
푸른 물결이 다가와 토닥여준다

* 해녀들이 물질하다 나와서 쉬거나 옷을 갈아입도록 만든 곳.

진품 명품

사람들을 만날 때면
한눈에 나를 훑어보는 시선
출고 일자와 유통기한 등
모든 정보를 순식간에 읽어낸다
내용물은 확인하지도 않고
겉만 보고 매기는 가치
아직 쓸 만한데도 금세
땡처리 시장으로 밀려난다
오늘도 티브이 홈쇼핑에서는
가발과 화장품을 팔고 있다
속고 속이는 불편한 세상
진품 명품 프로로 채널을 돌린다

나무, 강물이 되다

나무는
짙은 어둠 속에서도
조심스레 한 발짝씩 내딛는다
힘들어도 멈추지 않는 끈기
삶이란 어차피 장거리 경주
연약한 뿌리로 바위도 뚫는다
바람 불어 줄기는 더 튼튼해지고
가뭄에 더 깊어지는 뿌리
세상 탓할 이유 하나도 없다
나이 들수록 더 풍성해지는 그늘
땅에 발붙이고 살지만
날마다 하늘로 벋어가는 소망
마침내 나무는 숲을 지나 강물이 되었다

석송령 石松靈*

나무는 제 안에
어떤 소망 품고 있기에
새잎을 계속 피우는 것일까
육백여 년 전 여름
큰물에서 건져 자식처럼 보살피고
재산까지 물려준 농부의 사랑
그 은혜 갚으려 나무는 마을을 지킨다

어울려 함께 살아야 한다고
구불구불 용틀임한 만 개의 가지
장학금도 주고 세금도 내는 나무
오늘도 시나브로 그늘을 넓혀간다
멧새들 날아와 한바탕 놀다 간 후
이만하면 됐지 뭘 더 바라냐며 빙긋 웃는다

---

* 천연기념물 제294호로 지정된 경북 예천군 감천면 천향리에 있는 소나무.

재인폭포*

눈밭에 찍혀 있는
멧새들 발자국 지우며
소리 없이 내리는 봄비
층층나무 가지에는
물안개꽃 피어나고
산매화 가지에는
튀밥 터지는 소리
순식간에
양지쪽 산자락을 점령한 오랑캐꽃
우렁찬 소리에 고개 드니
맞은편 암벽에 걸린
큰 느낌표 하나

* 경기도 연천군에 있는 폭포.

백송

나이 들어 서러운 사람들은
헌법재판소 뒷마당에 가보세요
나이 먹는 일이 얼마나
멋진 일인지 알테니까요

하늘로 쭉쭉 벋은 가지
푸르고 시원한 그늘
피곤한 날짐승들 마음껏 쉬어가고
우듬지는 달과 별들이 찾는
최고의 스카이라운지

밤이 깊을수록
더 빛나는 은빛 자태
바람결에 묻어나는 지혜의 향기

나이 드는 것이 못내 서러울 때면
재동 백송[*]을 만나보세요
굽은 어깨가 쭉 펴질 테니까요

* 우리나라에서 가장 오래된 백송으로 천연기념물 제8호. 소나무과에 속하는 상록침엽교목으로 오래될수록 수피가 은빛으로 변한다.

석란연石卵硯

보령 봉성리*에서
알을 품은 바위[石卵]를 보았다
땅이 흔들리고 하늘이 붉게 타던 날
화염에 눈먼 새를 품었을까
짙은 어둠 속에서도
마음으로 그려본 세상
절망이 깊을수록
더 간절해진 소망이
찔레꽃 피던 날 바위의 가슴을 열었다
벼루에 가득 담긴 묵향墨香
화선지 위로 쏟아지는 물과 구름
산이 솟고 바람이 불자
봉성리 앞 들판에서
깃이 푸른 새 한 마리가
소리치며 하늘로 날아갔다

* 충남 보령시 미산면 봉성리: 석란연石卵硯으로 유명한 고장.

고불古佛* 생각

북촌 7경 고갯마루
고택 합각벽에 새겨진
뭉게구름 세 송이
재물이 뭉게뭉게
자손이 뭉게뭉게
보는 사람마다 다른 생각
저만치 골목 끝에서 들리는 소리
"인생은 한 조각 구름인 게야"
소 등에 올라 빙그레 웃는 노인
북악北岳에서 불어오는 솔바람에
마음의 짐을 내려놓은 사람들
워낭 소리를 내며 돌계단을 내려간다

* 조선의 명재상이며 청백리였던 맹사성의 호.
  한양 북촌 언덕에 집을 짓고 소를 타고 다녔으며 퇴청 후 피리를 즐겨 불었다고 한다.

망종芒種*

망종 즈음 내리는 비는
매실 향기가 난다

자드락밭** 이랑에는
보리 이삭 살 차는 소리

저만치
농익은 수박 한 덩이 터져버린
유월의 동녘 하늘

* 음력 5월 초순의 절기로 햇보리를 먹을 수 있으며 모내기를 할 때.
** 산기슭 비탈에 있는 밭.

맹아*

나무의 시간은 느리다
봄부터 겨울까지
서두르지 않으나 쉬지도 않는다
나무는 높은 곳을 바라볼 때
땅속 깊이 뿌리를 내린다
삶이란 끝없이 버리며
빛을 찾아 앞으로 나아가는 것
나무는 날마다 꿈꾸며
거친 비바람을 이겨낸다
소망은 언제나 간절한 것
맹아가 돋아나는 날
나무는 온 힘을 다해 일어섰다
오늘부터 다시 시작이다

* 그루터기에서 새로 눈 뜨는 잎.

말[言]

울타리를 벗어난 말이
들판을 가로질러
이웃 마을로 쏜살같이 달린다

꽃밭을 뭉개고
논밭을 망가뜨리고
자욱이 먼지를 일으킨다

한 번 울타리를 벗어나면
다시는 붙잡을 수 없는 말
고삐를 단단히 틀어쥐어야 한다

선한 눈빛을 가진
착한 말[言]들이 모여 사는
그런 곳에서 살고 싶다

새

새들은
높은 나무에 깃들인다
날개가 있는 저 족속은
낮에는 노래하고
밤에는 사랑을 나누는
무한한 자유의 소유자
살아가는 데 필요한 것은
나무 한 그루와 옹달샘 하나
해거름 우듬지*에 앉아
흔들흔들 바람을 타는
적막한 숲속의 수도자

* 나무의 꼭대기.

빨래집게

소나기 그친 하늘
빨랫줄에 매달린 옷가지
파란색 아들 운동복
분홍색 딸 치마
연두색 아빠 작업복
모든 걱정 허공에 탈탈 털어버리고
빨래집게로 꼭꼭 집어 놓은 꿈
오늘 사랑하는 가족에게
엄마가 준 점수는 모두 A

오월이 오면

입하 즈음
산들바람 불면
문득 찾아오는 허기

십 리 통학길 가득 피던
달콤한 아까시꽃
개울가 오동통한 찔레 순

오월이 오면 내 귀에는
해거름 고갯마루에서
목이 쉬게 울던 뻐꾸기 소리가 들린다

얼음새꽃[*]

기어이 돌아왔다
순하디 순한 표정으로…

잔설을 뚫고 나온
샛노란 꽃잎

사나운 겨울에게 멋지게 복수한
저 당찬 미소

[*] 복수초.

4부

키 작은 꽃

간벌間伐 • 느림과 비움 • 보리굴비 • 고수古樹
언총言塚 • 이정표 • 차경借景 • 단풍
내가 좋아하는 반찬 • 미교다물요 • 가시나무
우산꽃 • 할아버지 • 산딸기 • 키 작은 꽃 • 산수유 시목
여왕과 설렁탕 • 그림자 • 난파선 • 산초 향기

간벌間伐

잘난 것은 남고
못난 것은 떠나야 하는
편백나무 숲

남은 것은
떠난 것들의 자리와
햇살까지 차지했다

평생 지고 갈 마음의 빚
날마다 감사로
하루를 여는 나무들

햇살 퍼지자
골짜기 가득 알싸한 향기
아픈 사람들 찾아와 서로 어루만진다

느림과 비움

들판에 휘도는 강물처럼
장다리꽃 앉은 나비처럼
쉬엄쉬엄 그렇게 살자

달빛에
함초롬 젖은 들꽃이 되어
외로움이란 호사도 누려보고

음력 스무닷새
터벅터벅 하늘 가는 조각달처럼
그렇게 비우며 살아가자

보리굴비

철쭉이 피고
곡우가 내리면
남쪽 바다를 찾아오는 너

오동통한 몸집에
빛나는 비늘이
청보리밭 물결처럼 싱싱하다

오늘 저녁
따뜻한 밥 한 그릇에
노릇하게 구워진 너의 몸을 탐하며
나는 왕의 꿈을 꾼다

고수古樹

창을 든 호위 군사도
왕의 호령도 들리지 않는
경희궁 앞마당
사백 년 된 느티나무 한 그루
가지마다 푸른 잎 가득하다
"오래 사는 비결 가르쳐 줄까"
구새 먹은* 가슴 보여주며
빙그레 웃음 짓는 고수

* 살아 있는 나무의 속이 썩어 텅 비어 있는 상태를 말한다.

언총言塚*

하루에 천 리를 달리고

싸움에 능한 말[言]들이 잠든 곳

다시는 살아나지 마라

발소리도 내지 마라

향기로운 들꽃 피워

상처 입은 마음 어루만져라

산새 소리 맑은 숲속에서

선조들의 지혜를 배운다

* 경북 예천에는 400~500년 전에 만들어진 언총(言塚: 말 무덤)이 있는데 이 무덤은 동네 사람들이 서로 상처 주는 말[言]을 묻었던 곳이라고 한다.

이정표

오 리마다 오리나무

시오 리마다 히어리나무

이십 리에는 시무나무

나는 지금 어디쯤 가고 있나

고단한 인생길 쉬어가는

시詩나무 한 그루

- 우리 조상들은 오 리마다 오리나무, 시오 리에는 히어리나무(시오리나무), 이십 리에는 시무나무(스무나무)를 심어서 이정표로 삼았다고 한다.

차경借景*

이른 아침 창을 열면
골짜기 가득 푸른 안개
누가 그려 놓았을까
물기 어린 한 폭의 수묵화

방문을 열면
뜰에 핀 배롱나무꽃
누가 걸어 놓았을까
향기 짙은 한 점의 수채화

마음의 눈을 열면
언제나 소유할 수 있는
위대한 화가의 작품
값없이 누리는 커다란 행복

---

* '경치를 빌린다는 뜻'으로 한옥의 창을 통해 보는 풍경을 말한다.

단풍

감나무 꼭대기
까치밥 농익은
남산골 한옥마을

고택 마당에서 마주친
히잡 쓴 이방 여인 둘
지나가며 미소 짓는다

높아진 하늘 때문일까
선선한 바람 때문일까
내 마음에도 단풍 든 어느 날

내가 좋아하는 반찬

김
무채
콩자반
두부조림
오이소박이
콩나물장조림
호박잎강된장쌈
북어채고추장무침
돌나물도토리묵무침
송이버섯파프리카볶음
메추리알꽈리고추장볶음
돼지오겹살묵은지얼큰찌개
그중에 제일은
훈련소 주먹밥에 찍어 먹은 소금

미교다물요[*]

어릴 적, 물레방앗간에서
흙장난하며 놀던 내 친구 호야는
옛 가야 땅 나지막한 산자락에
가마 하나 지어 놓고 그릇을 빚는다
열기 가신 가마에서 그릇이 나오는 날
아이고 내 새끼 예뻐라 어르기도 하고
사정없이 망치질을 하기도 하는 그는
소꿉친구였던 아내와 오순도순 살며
청자연적 같은 두 딸을 구워냈다
욕심과 근심을 불 속에 던져버린 탓일까
그의 눈빛은 언제나 따습고 평온하다
오늘도 녹로 앞에 앉은 내 친구 호야는
가을이 다 가고 첫눈이 내리도록
진흙덩이에 숨을 불어넣고 있다
사람들을 향한 애틋한 사랑을 빚고 있다

---

[*] '미교다물요'의 '다물'은 옛 땅을 되찾는다는 고구려 말이고 '미교'는 두 딸의 이름 '은미'와 '은교'에서 한 자씩 따서 지은 가마의 이름이다.

가시나무

사나운 매 그림자가
땅에 드리우자
몸집이 작은 새들이
황급히 가시덤불을 찾는다

온몸에 가시가 돋아있어도
연약한 것들의
피난처가 되는 나무

작은 가슴들이
뜨겁게 뛰고 있는 덤불 속
지나던 바람도 숨을 죽인다

우산꽃

비 내리는 아침
형형색색 꽃 무리가
긴 초등학교 담장을 따라
올망졸망 걸어간다
오늘 아침 집을 나설 때
누가 아이들 손에
꽃가지를 쥐여주었을까
비를 맞아 함초롬 벙그는 꽃봉오리
빨강 노랑 파랑
넓은 운동장이 온통 꽃밭이다

할아버지

손자가 태어나던 날
여성병원 간호사가
나를 할아버지라 불렀다
그래도 밉지 않았다
유리 칸막이 너머로 보이는
작고 사랑스러운 모습
할아버지가 된 것은
지나온 길을 돌아볼 때라는 것
아버지의 아버지가 그랬던 것처럼
감나무 한 그루 심을 때라는 것
멋진 할아버지가 되는 길은
담장 옆 의자를
나팔꽃 덩굴에게 양보하는 일
뒷산 단풍나무처럼 곱게 물들어 갈 일

산딸기

딱따구리 소리 청아한
산기슭 외딴집
타닥타닥 솔가지 타는 소리에
환하게 밝아오는 부엌

시집오던 해
시어머니와 산딸기 팔아
장날에 사 온 가마솥
투박하지만 아직 쓸 만하다

"나 죽고 나면 너도 참 외롭겠다"
시래기 삶으며 눈물 뚝뚝 흘리는 가마솥

육십 년 전 그때처럼
시어머니 무덤가에는
붉은 산딸기가 지천이다

키 작은 꽃

자세히 보려고 허리 숙인다

향기 맡으려 무릎 꿇는다

가까이 다가가면

살포시 고개 돌리는 너

나도 부끄러워 눈을 감는다

산수유 시목

지리산 자락 산동마을
지팡이 짚은 천년 시목*은
새벽같이 눈을 뜬다

봄에는 황금 꽃송이
가을에는 홍보석
한 해도 거르지 않은 열심

시원한 계곡물에
낡은 생각 씻어내고
날마다 새롭게 맞는 하루

자꾸 어두워지는 귀
온 정신을 모아 바람에 실려 오는
하늘의 소리를 듣는다

* 중국 산동에서 시집온 처녀가 심었다고 전해지는 천년 수령의 구례 산수유 시목. 삼국유사 '임금님 귀는 당나귀 귀' 이야기에 나오는 나무.

여왕과 설렁탕

내가 가끔 찾는
고궁 근처 설렁탕 집은
팔순이 넘은 주인 할머니가
문 앞에서 반갑게 맞아준다
오랜 세월 가마솥을 지킨 손은
야위었지만 따스하다
뽀얀 국물에 오동통한 국수사리
도톰한 편육에 송송 썬 대파가
지친 몸과 마음을 달래준다
쟁기질을 마친 임금이
백성들과 나누어 먹은 음식
어지러운 세상 소식에
가슴이 휑하니 시린 날에는
고궁을 한 바퀴 돌아 나와
평생 백성들의 주린 배를 채워준
늙은 여왕의 손을 잡아보고 싶다

그림자

해거름이 되면
나무는 종일 따라 다니던
그림자를 불러들인다

날이 저물었으니
오늘은 그만 쉬고
내일 다시 나서보자고

난파선

깊은 해저 평원
개펄에 이물이 박힌 배 한 척
갑판을 덮은 따개비와 산호초

고물에 핀 바다맨드라미
항구로 돌아가지 못한 배는
그대로 바다의 숲이 되었다

창이 깨진 선실에는
쥐노래미가 알을 낳고
붉은문어가 어슬렁거린다

아픔을 이겨내고
수많은 생명을 품어준 난파선
절망은 희망의 또 다른 이름이다

산초 향기

허물어진 토담 옆
오래된 산초나무
마른 가지를 자르니
톱날에 묻어 나는 푸릇한 살점
죽은 것 같으나 아직 살아있는 속

구순의 장모가 말하기를
왼쪽 가지는 수나무
오른쪽 가지는 암나무란다
청상으로 산 오랜 세월
망백望百의 그녀 가슴속에
숨겨놓은 그리움 있었나 보다

불쑥 꺼내 놓은 마음 한 자락
재빨리 톱을 등 뒤로 숨겼다
가시처럼 따가운 초여름 햇살
알싸한 산초 향에 가슴이 저릿하다

에필로그

 이 시집에 수록된 80편의 작품 중, 65편은 문예지를 통해 발표한 작품이고 15편은 미발표작이다. 한 해에 5~6편 정도 발표했으니 좀 게을렀다는 생각도 들지만, 지면을 할애해 준 문예지에 감사할 뿐이다.

 '라이너 마리아 릴케'는 "시를 쓰기 위해서는 기다려야 하며, 오랫동안 삶의 의미와 달콤함을 모아야 한다. 그런 다음, 삶의 맨 마지막에 가서야 어쩌면 제대로 된 시구 열 줄쯤 쓸 수 있을 것이다. 시는 사람들이 생각하는 것과는 달리 감정이 아니고 경험이다"라고 했는데 그 말을 늘 마음에 담고 있다.

 20세기 미국의 시인 '에즈라 파운드'는 자신의 시편 「지하철역에서」의 시작 모티브를 밝히면서 "나는 3년 전 파리의 지하철에서, 피곤에 지친 사람들 속에서 아름답고 생기 있는 어린아이와 부인의 얼굴을 발견했다. 그리고 그 느낌을 표현하려고 애썼으나 그 신선한 감정을 나타낼 만한 말을 찾을 수 없었다. …(중략)… 나는 30행의 시한 편을 썼지만 그것을 찢어 버렸다. 6개월 후에 그 반 정도의 시로 고쳤고, 1년 후에 2행의 짧은 시로 만들었다"라는 그 비장함은 신선한 감동을 주었다.

 '군중 속에서 환영처럼 나타나는 이 얼굴들,
 축축한 검은 가지 위의 꽃잎들'
       —「지하철역에서」 전문

 나는 학창 시절, 시조시인이었던 국어선생님께 시조를 배웠다. 그 영향인지 나의 시는 짧은 편이다. 혹자는 생각이 짧은 것이 아니냐고 할지 모르나 생각은 많이 담고 말은 짧게 하려는 것이 내 詩作 목표이다.

 서울 지하철 스크린도어에 나의 시 「사랑」과 「일기예보」 두 편이 게시되어 시민들의 많은 사랑을 받았는데 이것은 특별한 경험이었다. 사람들이 SNS에 내 시를 읽고 위로와 용기를 얻었다는 글을 올리고 이웃들에게 추천하면서 자연스럽게 나의 대표작이 되었다.

쉽게 써진 시도 있지만 내 시의 대부분은 오랜 숙성을 거쳤다. 아직도 내 노트에는 햇빛을 못 본 시들이 많다. 내 경험으로는 적당히 묵힌 시가 제일 좋고, 내가 좋아하는 시와 독자들이 좋아하는 시가 다르다는 것도 알게 되었다.

시를 쓰는 것은 어려운 일이지만 그 일을 즐기려고 한다. 시인으로서 '라이너 마리아 릴케'의 말처럼 삶의 마지막에 제대로 된 시구 몇 줄쯤 쓸 수 있다면 그것으로 나는 만족한다. 외로운 사람들, 삶에 지친 사람들에게 위로가 되는 시를 쓰고 싶다.

김장식 시집

일기예보

초판 발행일 2025년 10월 24일

지은이 김장식
펴낸이 임만호
펴낸곳 창조문예사
등 록 제16-2770호(2002. 7. 23)
주 소 서울특별시 강남구 압구정로 404, 2층 (우 : 06014)
전 화 02) 544-3468~9
F A X 02) 511-3920
E-mail holybooks@naver.com

책임편집 김종욱
디자인 이선애
제 작 임성암
관 리 양영주

ISBN 979-11-91797-81-7 03810
정 가 10,000원

※ 잘못된 책은 바꾸어 드립니다.